CONSEIL GÉNÉRAL

DU DÉPARTEMENT

DE LA SEINE.

SÉANCE DU 15 NOVEMBRE 1847.

AMÉLIORATION DU COURS DE LA BIÈVRE.

RAPPORT DE LA COMMISSION ADMINISTRATIVE.

« Monsieur le préfet,

» Organe de la commission que vous avez nommée (1) pour l'examen d'un règlement sur le régime des eaux de la Bièvre, j'ai l'honneur de vous soumettre le résultat de ses travaux.

» Permettez-moi de commencer par une analyse succincte de tous les actes législatifs, administratifs et judiciaires dont la connaissance est nécessaire pour se bien rendre compte des conditions sous l'empire desquelles cette rivière se trouve placée.

» On lit dans le *Continuateur* de Delamarre (vol. 4, page 302)

---

(1) Cette commission était composée de MM. Besson, Lahure, Benoist, Riant, Lejemptel et Bronzac, membres du conseil général du département; Robin, ingénieur en chef, directeur des ponts et chaussées du département; Mastrella, chef de division, et Poisson, chef de bureau à la préfecture de la Seine ; M. Besson en était le président, et M. Lahure le rapporteur.

que ce fut en 1671 que l'on pensa sérieusement à rétablir le cours de la Bièvre. Les teinturiers, les mégissiers, les tanneurs et d'autres habitants du faubourg Saint-Marceau s'unirent alors et introduisirent une instance au sujet des entreprises qui avaient été faites sur la rivière par les propriétaires, par les fermiers et autres qui avaient des héritages dans cette étendue. Mais comme il s'agissait de *reformation*, les officiers des eaux et forêts de la Table de marbre, juges en dernier ressort dans ces matières, évoquèrent l'instance dont l'attribution leur fut confirmée par arrêt du conseil du 4 janvier 1675.

» A la diligence des syndics nommés pour représenter les intéressés au rétablissement de la rivière, deux arrêts ont été rendus par les officiers de la Table de marbre, l'un du 19 mai 1676, et l'autre du 26 octobre 1678, qui ont ordonné ce qui était à faire, mais seulement par provision, à cause d'incidents et de contestations qui ne pouvaient être jugés sur-le-champ.

» Quant à l'arrêt définitif, il n'a été rendu que le 28 février 1716. Il contient le règlement général pour la reformation de la rivière de Bièvre dans tout son cours. Le dispositif de cet arrêt est transcrit en entier dans l'ouvrage sus-énoncé, page 313.

» Ce serait un travail superflu que d'entrer ici dans le détail des dispositions de cet arrêt, attendu que, sur le pourvoi en cassation formé par un grand nombre d'opposants, est intervenu un arrêt du conseil d'état du roi, en date du 26 février 1732, qui a statué sur toutes les difficultés et établi un règlement général pour la police et la conservation des eaux de la Bièvre et de ses affluents (1).

» De ce règlement nous citerons les dispositions suivantes :

« *Sur la conservation des eaux :*

» L'art. 19 porte que le cours des eaux, depuis la fontaine Bouvière jusqu'à la Seine, sera tenu libre, même dans les canaux où elles passent, à l'effet de quoi les saignées et ouvertures faites aux berges seront supprimées, et tous autres empêchements quel-

(1) Cet arrêt se trouve transcrit en entier dans la *Collection officielle des ordonnances de police*, tome 4, page 66.

conques, même les arbres qui se trouveront plantés dans la distance de 4 pieds des berges ; en sorte que, des canaux établis par titres, il en sorte autant d'eau qu'il en sera entré.

» Par l'art. 21, défenses sont faites à toutes personnes de quelque condition qu'elles puissent être, même à tous seigneurs riverains de la Bièvre, propriétaires des prairies ou autres héritages, de faire à l'avenir de nouveaux canaux, ni aucun bâtardeau, ni saignées au lit de ladite rivière, sources et ruisseaux.

» Par les art. 24 et 25, il est dit que les canaux déjà existants seront comblés s'ils n'ont été établis en vertu de titres valables, et que ceux pour lesquels il existerait des titres valables ne devront pas avoir plus de profondeur que le lit même de la rivière.

» *Sur les industries dont l'établissement est prohibé par ce règlement* :

» L'art. 29 défend aux blanchisseurs de toile de s'établir dans la prairie de Gentilly et autres le long de ladite rivière, même dans l'enceinte de la maison appelée le *Clos Payen*.

» Et l'art. 30 défend aux blanchisseurs et blanchisseuses de linge de lessive de continuer leurs blanchissages dans le lit de la rivière au-dessus de la manufacture royale ; et à toutes personnes d'y faire rouir des chanvres ou lins. La même défense est appliquée par l'art. 31 aux propriétaires du clos Payen.

» *Sur la charge du curage* :

» Par l'art. 40, le curage du ruisseau de la fontaine Bouvière et des autres petites fontaines et sources, jusqu'à l'étang du Val, est mis à la charge des intéressés à la conservation des eaux, occupant les maisons du faubourg Saint-Marceau le long de la rivière, et à la charge des meuniers des moulins.

» Par l'art. 41 (conformément au jugement du 26 octobre 1678 ci-devant énoncé), le curage des autres sources et fontaines affluant dans la rivière, et celui de ladite rivière et du faux rû, le tout depuis l'étang du Val jusqu'au clos Payen, et depuis le clos Payen jusqu'à la Seine, sont mis à la charge des meuniers et propriétaires d'héritages et maisons des deux côtés de la Bièvre.

» Et par l'art. 44, il est dit que la rivière morte ou faux rû, depuis le clos Lorenchet jusqu'au clos Payen, sera entretenue de 6 pieds de large, et que le curage en sera fait aux frais des propriétaires des maisons et riverains de la rue de l'Oursine et du clos Payen.

» *Sur la hauteur, la largeur et l'empatement des berges :*

» L'art. 42 porte que tous les propriétaires des héritages joignant ladite rivière seront tenus de laisser de chaque côté, aux endroits où le terrain pourra le permettre, une berge de 4 pieds de plate-forme sur 6 au moins d'empatement, et de 2 pieds de hauteur au-dessus de la superficie des eaux d'été.

» *Sur le syndicat :*

» Il résulte des art. 56 et 57 qu'il doit y avoir trois syndics ; qu'ils sont nommés pour deux ans, et pris, un dans le corps des teinturiers, un dans le corps des mégissiers et un dans celui des tanneurs. Toutefois, ceux demeurant le long du faux rû ou rivière morte, rue de l'Oursine, sont exclus du syndicat. »

» On vient de voir que les art. 30 et 31 de ce règlement défendaient le blanchissage du linge de lessive dans le lit de la Bièvre ; mais ces articles sont rapportés par une ordonnance rendue par le grand-maître des eaux et forêts le 1er mars 1754, et confirmée par arrêt du conseil le 4 mai 1756, laquelle permet l'établissement des blanchissages, tonneaux, lavoirs sur les berges le long de la rivière ; ordonne que les tonneaux seront numérotés et placés, ainsi que les lavoirs, aux endroits les moins nuisibles suivant l'alignement à donner ; fait défense de faire aucun changement ni anticiper sur ladite rivière, et fixe la redevance annuelle pour chacun desdits tonneaux et lavoirs sur la pleine rivière à 5 fr., et sur la rivière morte à 3 fr.

» Vous avez dû remarquer, monsieur le préfet, que toutes les dispositions de ce règlement avaient pour objet de consacrer à l'industrie et de lui assurer la jouissance des eaux de la Bièvre ; mais la Révolution, sans rien changer à cette destination, devait apporter de grands changements dans l'administration de cette rivière.

» Un arrêté des consuls du 25 vendémiaire an IX (17 octobre 1800), dont nous parlerons bientôt plus explicitement, a pour objet spécial la police de la rivière de Bièvre.

» On ne sait pas si depuis 1789 jusqu'à cette dernière époque les prescriptions du règlement ont été toutes entièrement méconnues ; il est du moins certain que l'utile institution du syndicat avait cessé d'être pratiquée.

» Au surplus, l'état de la rivière était devenu déplorable, si l'on en juge d'après un rapport fait le 30 fructidor an II (16 septembre 1794) à l'assemblée générale de la section du Finistère. Ce rapport, écrit dans l'esprit et avec le style du temps, mais consciencieux et véridique, mérite de fixer l'attention par les renseignements qu'il contient.

» Il fait ressortir toute l'importance de la rivière qui procure des moyens d'existence à plus de 30,000 citoyens par les établissements de teinturerie, tannerie, mégisserie et blanchisserie qu'elle alimente.

» Il s'occupe ensuite des moyens d'augmenter le volume de ses eaux et de les rendre plus salubres ; lesquels consisteraient :

» 1° Dans le curage de cette rivière et le détournement de deux égouts ; 2° dans le dessèchement de l'étang du Val qui absorbe inutilement la moitié des eaux de la Bièvre ; 3° dans la suppression de tous les canaux particuliers qui détournent la rivière de son lit ; 4° et dans le versement à y faire d'une partie des eaux des étangs de Saint-Quentin, de Saclé et de Trou-Salé (1).

» Quelques années plus tard, à une époque où l'ordre se rétablissait en France d'une manière qu'on peut appeler miraculeuse, où tous les intérêts sociaux étaient sérieusement recherchés pour leur donner une nouvelle existence et un véritable appui, la rivière de Bièvre fut aussi prise en considération. Un rapport fait aux

---

(1) Nous aurions eu à citer ici, si M. Homberg ne l'avait déjà fait dans son rapport du 19 juillet 1839, un écrit ayant pour titre : *Recherches et considérations sur la rivière de Bièvre*, par MM. Parent du Châtelet et Pavet de Courteille, lu à l'académie de médecine le 29 janvier 1822, travail remarquable où toutes les questions relatives à la salubrité sont complétement traitées.

consuls, le 27 fructidor an VIII (14 septembre 1800), par le
ministre de l'intérieur, contient un historique rapide mais exact
de tout ce qui concerne cette rivière : « Il paraît, y est-il dit, que
» depuis 1789 jusqu'en l'an IV on avait négligé le curage de la
» Bièvre, *surtout* pour la partie de la rivière qui coule dans
» Paris. A cette époque le département de la Seine crut instant
» de faire procéder à un curage provisoire, et, par une délibé-
» ration du 26 fructidor an IV, il remit en vigueur l'arrêt du
» 26 février 1732. Il se forma une assemblée de propriétaires
» riverains et d'intéressés pour nommer des commissaires; on
» choisit en outre un inspecteur général et un collecteur chargé
» de la confection des rôles; on donna à l'un et à l'autre un trai-
» tement annuel de 1,200 fr.; enfin, il fut alloué, à titre d'hono-
» raires, une somme de 600 fr. à l'ingénieur chargé d'accompagner
» les commissaires dans leurs visites. »

» On ne voit pas qu'il ait été donné une suite bien active à ces
dispositions. Les commissaires se sont adressés au gouvernement pour plusieurs objets, entre autres pour solliciter une
avance de 15,000 fr.; il paraît que, sur le refus de cette avance,
ils ont donné leur démission.

« On ne peut se dissimuler, ajoute ce rapport, que le mode de
» police adopté pour la rivière de Bièvre ne soit vicieux. Les par-
» ticuliers ont rarement un intérêt qui se concilie avec les vues
» du gouvernement; leur abandonner une police quelconque, c'est
» s'exposer à voir naître des abus, c'est donner lieu à des vexa-
» tions : cette police n'a jamais l'activité ni l'impartialité désira-
» bles. Les ateliers établis sur les bords de la Bièvre sont nom-
» breux : plus de 30,000 ouvriers y sont employés, et une rivière
» qui procure du travail à un aussi grand nombre d'individus doit
» être sous la surveillance immédiate du gouvernement. »

» Plus loin nous trouvons cette importante observation : «qu'on
» ne pourrait, sans de graves inconvénients, laisser aux riverains
» des parties supérieures la faculté de faire des eaux tel usage
» qu'ils jugeraient convenable. » Les administrations centrales de
» la Seine et de Seine-et-Oise, qui ont donné sur cet objet un avis
» favorable, n'ont pas réfléchi aux dangers d'une pareille auto-

» risation ; elles veulent, à la vérité, qu'on assujétisse ces riverains
» à transmettre ces eaux aux propriétaires des parties inférieures
» dans le même état et en même quantité qu'ils les auront reçues.
» Mais dans le cas où ils ne se conformeraient point à cette dis-
» position, comment les y contraindre? Sera-ce par la voie des
» tribunaux ? Mais l'instruction d'une procédure entraîne toujours
» des délais : il faudra donc pendant ce temps que les ateliers
» chôment! Que deviendront alors les ouvriers qui y sont occu-
» pés ? La Bièvre est peu considérable, et, sans les soins qu'on a
» d'y réunir plusieurs ruisseaux, elle ne pourrait jamais fournir
» les eaux nécessaires à l'activité des usines du faubourg Saint-
» Marceau. »

» Enfin, permettez-moi, monsieur le préfet, d'extraire encore
de ce rapport la réflexion qui suit :

« On ne peut nier que les dispositions ci-dessus (les prescrip-
» tions de l'arrêt du conseil du 26 février 1732) ne soient déro-
» gatoires au droit commun ; mais c'est ici le cas d'appliquer le
» principe que l'intérêt particulier doit céder à l'intérêt général ;
» un petit nombre de propriétaires ne peut l'emporter sur l'im-
» mense population qui ne vit que du travail auquel donnent lieu
» les eaux de la Bièvre. »

» C'est sur ce rapport qu'est intervenu l'arrêté des consuls dont
nous avons déjà parlé, du 25 vendémiaire an IX (17 octobre 1800).
Nous le transcrirons ici en entier comme un document complet
sur l'affaire qui nous occupe :

« Art. 1er. A commencer de ce jour la police de la rivière de
» Bièvre fera partie des attributions des préfets des départements
» de la Seine, de Seine-et-Oise et du préfet de police de Paris ;
» chacun suivant la compétence qui lui est réglée par les lois et
» arrêtés du gouvernement.

» Art. 2. Ils veilleront, chacun en ce qui le concerne, au main-
» tien des dispositions de l'arrêt du conseil du 26 février 1732,
» relatives à la conservation des eaux de ladite rivière.

» En conséquence, ils donneront des ordres pour qu'il soit fait
» un curage général et annuel de ladite rivière, savoir : pour la

» partie supérieure, dans le courant de messidor ; et pour la partie
» inférieure, dans le courant de fructidor.

» Ils feront tenir libre le cours des eaux de la rivière, depuis la
» fontaine Bouvière jusqu'à leur chute dans la Seine, ensemble
» celui des sources et ruisseaux affluents, même dans les canaux
» où elles passent ; à l'effet de quoi les saignées et ouvertures qui
» ont été faites, sans titre légal, aux berges de ladite rivière,
» sources et ruisseaux, seront supprimées, et tous autres empê-
» chements quelconques, même les arbres qui se trouveront
» plantés dans leur lit et le long de ladite rivière, dans la distance
» d'un mètre quatre décimètres de berge, aux frais et dépens de
» ceux qui auront causé lesdits empêchements et planté lesdits
» arbres ; et ce quinzaine après la sommation qui leur en aura été
» faite au domicile de leurs fermiers ou meuniers ; en sorte que
» des canaux établis par titres il en sorte autant d'eau qu'il en aura
» entré ; ce qui sera justifié par les propriétaires desdits canaux ou
» passages ; sinon il sera donné des ordres pour la suppression
» desdits canaux et passages.

» Ils feront entretenir et fortifier les berges de la rivière par
» les meuniers, chacun dans son étendue, en remontant d'un
» moulin à l'autre ; de manière que les eaux ne puissent sortir de
» leur lit ni passer au travers desdites berges pour se répandre
» dans les prés ou ailleurs.

» Ils renouvelleront les défenses faites à tous les propriétaires
» riverains de la Bièvre d'ouvrir de nouveaux canaux, de faire
» aucune saignée ou bâtardeau, soit au lit de ladite rivière, soit
» aux sources ou canaux affluents, et d'établir une blanchisserie
» dans les prairies adjacentes, conformément aux dispositions de
» l'arrêt du 26 février 1732.

» Enfin, ils maintiendront l'exécution dudit arrêt en tout ce
» qui n'est pas contraire aux dispositions du présent arrêté.

» Art. 3. La dépense du curage de la rivière, de l'entretien et
» de la conservation des eaux, continuera d'être, comme par le
» passé, à la charge des habitants du faubourg Saint-Marceau
» occupant les maisons sises le long de ladite rivière, et des meu-
» niers des moulins désignés dans les arrêts du conseil sous la dé-
» nomination commune des intéressés à la conservation des eaux.

» Art. 4. Le rôle de répartition sera fait par trois commissaires
» pris parmi les intéressés, et nommés, un par le préfet du dépar-
» tement de la Seine, un par celui du département de Seine-et-
» Oise, et un par le préfet de police de Paris. La municipalité du
» 12ᵉ arrondissement, celles des communes où passe la rivière,
» remettront, à cet effet, un état des intéressés qui résident dans
» leur étendue.

» Ce rôle ne sera exécutoire qu'après l'approbation des préfets,
» chacun pour le territoire dépendant du département dont l'ad-
» ministration lui est confiée.

» Art. 5. Ces trois commissaires détermineront le contingent
» de chaque propriétaire d'après la consommation des eaux que
» la profession qu'il exerce entraîne, le nombre d'ouvriers qu'il
» emploie, l'étendue des terrains qu'il occupe, et autres données
» de même nature.

» Art. 6. Le contingent de chaque propriétaire ou manufactu-
» rier sera payé dans le délai de six mois, à compter du 1ᵉʳ nivôse
» an IX, et ainsi de suite pour chaque année, savoir : un tiers
» deux mois après la mise du rôle en recouvrement ; un tiers
» deux mois après l'échéance du premier paiement ; le dernier
» tiers deux mois après l'échéance du second paiement ; de ma-
» nière que la totalité du recouvrement soit opérée avant le 1ᵉʳ mes-
» sidor de chaque année, première époque du curage annuel.

» Art. 7. Le préfet du département de la Seine nommera
» parmi les intéressés un percepteur qui sera chargé du recou-
» vrement du rôle.

» Art. 8. Les propriétés nationales seront soumises à la répar-
» tition ; la cote qui leur sera appliquée sera acquittée par la régie
» de l'enregistrement sur le produit desdites propriétés.

» Art. 9. Les fonds provenant de la cotisation maintenue par
» le présent arrêté seront uniquement employés à l'acquit des
» dépenses qu'entraînent la police et la conservation des eaux ;
» en aucun cas il ne pourra être levé une somme plus considé-
» rable que celle que nécessite cet objet.

» Art. 10. Le ministre de l'intérieur est chargé de l'exécution
» du présent arrêté. »

— 10 —

» Par l'effet de l'art. 1er de cet arrêté, la police de la Bièvre,
dans le département de Seine-et-Oise, a dû entrer dans les attributions exclusives du préfet de ce département. Les actes émanés de
lui sont inutiles à rechercher, puisqu'une ordonnance royale réglementaire, dont nous parlerons, a été rendue depuis pour cette
partie de la Bièvre. A l'égard de l'autre partie qui a son cours
dans le département de la Seine, et dont la police, d'après le
même article, devait appartenir tant au préfet de la Seine qu'au
préfet de police, chacun suivant sa compétence, rien n'est encore
bien établi entre ces deux préfets sur leurs attributions respectives.
Une ordonnance de police du 19 messidor an IX (8 juillet 1801)
renouvelle, pour cette partie de la rivière de Bièvre, les dispositions de l'arrêté susdit, et celles de l'arrêt du conseil du 26 février 1732 (1) qui sont maintenues par ce même arrêté. Cette
ordonnance (qui est approuvée par le ministre de l'intérieur) paraît
ne laisser au préfet de la Seine aucune participation dans la police
de la Bièvre ; cependant, en fait, les attributions si exclusives de
M. le préfet de police ont depuis reçu quelques modifications.
Nous reviendrons sur ce sujet qui exige une discussion particu-
lière.

» La loi du 14 floréal an XI (4 mai 1803), relative au curage
des canaux et rivières non navigables, a trop d'importance pour
que nous n'en fassions pas connaître ici toutes les dispositions au
rang que sa date lui donne. Nous la transcrirons en entier :

« Art. 1er. Il sera pourvu au curage des canaux et rivières
» non navigables et à l'entretien des digues et ouvrages d'art qui
» y correspondent, de la manière prescrite par les anciens règle-
» ments ou d'après les usages locaux.

» Art. 2. Lorsque l'application des règlements ou l'exécution
» du mode consacré par l'usage éprouvera des difficultés, ou
» lorsque des changements survenus exigeront des dispositions
» nouvelles, il y sera pourvu par le gouvernement dans un règle-
» ment d'administration publique rendu sur la proposition du
» préfet du département, de manière que la quotité de la contri-

(1) *Recueil des ordonnances de police*, tome 1er, page 86.

» bution de chaque imposé soit toujours relative au degré d'intérêt
» qu'il aura aux travaux qui devront s'effectuer.

» Art. 3. Les rôles de répartition des sommes nécessaires au
» paiement des travaux d'entretien, réparation ou reconstruction,
» seront dressés sous la surveillance du préfet, rendus exécutoires
» par lui, et le recouvrement s'en opèrera de la même manière
» que celui des contributions publiques.

» Art. 4. Toutes les contestations relatives au recouvrement
» de ces rôles, aux réclamations des individus imposés et à la con-
» fection des travaux, seront portées devant le conseil de préfecture
» sauf le recours au gouvernement qui décidera en conseil d'état. »

Les dispositions de cette loi se complètent par les art. 35, 36
et 37 de la loi du 16 septembre 1807, que nous devons aussi
transcrire :

« Art. 35. Tous les travaux de salubrité qui intéressent les
» villes et communes seront ordonnés par le gouvernement, et
» les dépenses supportées par les communes intéressées.

» Art. 36. Tout ce qui est relatif aux travaux de salubrité sera
» réglé par l'administration publique ; elle aura égard, lors de la
» rédaction du rôle de la contribution spéciale destinée à faire
» face aux dépenses de ce genre de travaux, aux avantages immé-
» diats qu'acquerraient telles ou telles propriétés privées, pour
» les faire contribuer, à la décharge de la commune, dans des pro-
» portions variées et justifiées par les circonstances.

» Art. 37. L'exécution des deux articles précédents restera
» dans les attributions des préfets et des conseils de préfecture. »

» C'est en vertu de ces lois, et aussi avec les secours de la loi
d'expropriation pour cause d'utilité publique, que l'administration
municipale a entrepris l'œuvre de l'amélioration de la Bièvre dans
Paris.

» La première opération a consisté dans l'achat, pour être
détruits, des moulins de Croulebarbe, de Saint-Marcel, de Cou-
peau et du Ponceau.

» Devenu maître, par la suppression de ces moulins, du plan
d'eau de la rivière, on a pu en régler la pente par l'établissement

de plusieurs barrages qui servent non-seulement à maintenir l'eau à la hauteur nécessaire pour l'usage des riverains, mais encore à exécuter le curage et le lavage du lit de la rivière, opération qui a lieu une fois par semaine.

» La canalisation de cette rivière en a exigé le redressement dans plusieurs parties. Cette canalisation consiste en un lit maçonné, composé d'un radier et de pieds-droits d'une construction assez solide pour pouvoir au besoin supporter la charge d'une voûte. La partie inférieure de cette rivière est voûtée dans son passage sous le boulevart de l'Hôpital, et ensuite dans tout son parcours depuis ce boulevart jusqu'à la Seine. La largeur qui lui est donnée par ces constructions n'est pas toujours la même : dans la partie supérieure, à son entrée dans Paris, où elle se trouve divisée en deux bras, l'un nommé la rivière vive, et l'autre la rivière morte ou la rigole des Gobelins, la largeur de chacun de ces bras est de 3 mètres ; au-dessous, là où les deux bras sont réunis, la largeur de la rivière est de 4 mètres, et cette largeur est réduite à 3 mètres dans la partie voûtée.

» L'administration municipale avait bien compris que l'exécution d'une entreprise aussi considérable n'était possible qu'autant que la ville de Paris contribuerait pour la plus forte part dans le montant de la dépense ; c'est pourquoi les prix d'achat des moulins et tous les travaux d'art ont été mis à sa charge, et il n'a été laissé à la charge des riverains que les indemnités auxquelles donneraient ouverture les redressements à faire à la rivière. Cette charge à supporter par les riverains a été évaluée au quinzième de la dépense totale ; et c'est d'après cette proportion qu'ont été fixées les obligations respectives de la ville et des riverains par l'ordonnance royale du 20 juillet 1840, dont l'art. 1er est ainsi conçu : « Sont déclarés d'utilité publique les travaux à » exécuter pour l'assainissement de la Bièvre dans l'intérieur » de la ville de Paris, suivant les plans qui ont servi de base à » l'enquête ci-dessus visée.

» En conséquence, l'administration municipale de Paris est » autorisée à acquérir, soit à l'amiable, d'après une expertise » contradictoire, soit au besoin par l'application de la loi du

» 7 juillet 1833, les immeubles nécessaires pour l'exécution des-
» dits travaux.

» Le quinzième de la dépense nécessitée par les travaux sera
» payé par les propriétaires et riverains de la Bièvre.

» Les quatorze autres quinzièmes le seront par la ville de
» Paris.

» Le préfet du département de la Seine dressera le rôle de ré-
» partition entre ces propriétaires de la portion de dépense dont
» ils sont passibles, au prorata de leurs intérêts dans l'opération
» d'assainissement.

» Les contestations qui s'élèveraient au sujet du recouvrement
» de ce rôle et de la confection des travaux seront portées devant
» le conseil de préfecture, ainsi qu'il est prescrit par l'art. 37 de
» la loi du 16 septembre 1807.

» Lorsque les travaux seront terminés, il sera pourvu aux frais
» de curage et d'entretien du nouveau lit de la Bièvre et des
» ouvrages d'art y correspondant par un règlement d'administra-
» tion publique qui sera soumis à notre approbation, conformé-
» ment à l'art. 2 de la loi du 14 floréal an XI. »

» L'ensemble des dépenses s'est élevé à la somme de
1,502,788 fr. 37 c., dans laquelle l'acquisition des moulins figure
pour 517,233 fr. 24 c., et les travaux d'art et d'indemnités pour
la somme complémentaire de 985,555 fr. 13 c.

» Par une délibération du conseil municipal du 5 février 1841,
cinq années sont accordées aux riverains pour le paiement de la
somme de 100,000 fr. formant le quinzième à leur charge dans la
dépense dont il vient d'être parlé : cette somme de 100,000 fr.
est en grande partie recouvrée.

» Maintenant donc que tous les travaux sont terminés, nous
voici en droit de réclamer de l'autorité supérieure le règlement
d'administration publique promis par l'ordonnance royale du
20 juin 1840 ci-dessus transcrite, pour la police de la partie de la
Bièvre qui a son cours dans Paris.

» Aujourd'hui cette police appartient à la préfecture de la
Seine, en ce qui concerne les constructions, réparations, place-

ments de tonneaux de blanchisseuses et les alignements des propriétés ; et à la préfecture de police, en ce qui concerne la surveillance des diverses industries, pour l'exécution des règlements relatifs à la salubrité des eaux, et en ce qui concerne le curage et le lavage de cette partie de la rivière qui s'effectuent par l'escouade chargée du curage et du nettoyage des égouts.

» Les francs-bords qu'exigent les règlements sont fixés sans conteste par l'administration, pour cette partie de la Bièvre, à 4 mètres de chaque côté. Les employés en ont les clefs et peuvent les parcourir à volonté.

» Nous venons de nous occuper de la rivière de Bièvre dans Paris ; voyons maintenant ce qui a été fait pour la partie de cette rivière qui a son cours dans le département de Seine-et-Oise.

» Il a été rendu, comme nous l'avons déjà dit, pour cette partie de la rivière une ordonnance royale en date du 13 janvier 1842. Cette ordonnance qui s'appuie sur l'arrêt du conseil du 26 février 1732, et sur l'arrêté des consuls du 25 vendémiaire an IX (17 octobre 1800), y apporte pourtant plusieurs modifications.

» Comme modifications avantageuses, nous citerons :

» 1° La condition imposée pour toutes les usines de l'établissement de déversoirs ; ils étaient exigés par l'arrêt de la Table de marbre du 28 février 1716, mais l'arrêt du conseil du 26 février 1732 en avait affranchi ;

» 2° Le rétablissement du syndicat électif, que l'arrêté des consuls du 25 vendémiaire an IX avait remplacé par des commissaires à la nomination des préfets.

» Et comme modifications préjudiciables, nous citerons :

» La faculté donnée au préfet de Seine-et-Oise par les art. 32 et 33, de pouvoir autoriser, soit de faire des coupures dans les berges de la rivière, soit d'y planter des pieux, d'y établir des bâtardeaux ou de faire toute autre entreprise quelconque sur le cours d'eau.

» On a dérogé par là aux dispositions comme à l'esprit de l'arrêt du conseil du 26 février 1732, car les prohibitions de l'art. 21 de cet arrêt étaient absolues à cet égard. Et remarquez, monsieur le préfet, que ce sont les usiniers et les riverains de la Bièvre dans le département de la Seine qui ont le plus à souffrir de l'usage de cette faculté, étant ainsi à la merci d'une administration qui leur est étrangère.

» Depuis 1839, le conseil général du département de la Seine appelle chaque année l'administration à s'occuper du régime des eaux de la Bièvre.

» Par ses délibérations des 24 octobre 1839 et 27 octobre 1840 il exprime le vœu que le préfet de la Seine soit seul chargé d'administrer ce cours d'eau depuis sa source jusqu'à son embouchure.

» Par celles des 28 octobre 1841 et 25 novembre 1842 il appuie le vœu émis par le conseil d'arrondissement de Sceaux, pour obtenir une répartition plus équitable des charges imposées aux riverains de la Bièvre.

» Par celle du 30 octobre 1843 il demande que des études soient faites :

» 1° Pour déterminer la hauteur des déversoirs fixes qu'il convient de placer en amont de chaque usine ;

» 2° Pour procurer, en été, par des retenues, les eaux qui manquent dans la Bièvre ;

» 3° Pour améliorer le service du curage.

» Cette même délibération soumet la question de savoir si un syndicat semblable à celui formé dans Seine-et-Oise ne devrait pas être créé dans le département de la Seine.

» Par ses délibérations des 16 novembre 1844 et 13 novembre 1845, le conseil réclame contre la faculté accordée dans Seine-et-Oise d'établir des prises d'eau, et demande avec instance qu'il soit fait des démarches auprès du ministre des travaux publics pour faire disparaître du règlement du 13 janvier 1842 toutes les dispositions de nature à réduire le volume des eaux.

» Enfin, par sa délibération du 13 novembre 1846, le préfet est invité :

« 1° A faire les plus vives instances auprès de l'administration » de la liste civile pour obtenir son consentement à l'exécution

» des travaux projetés dans la partie supérieure de la vallée de la
» Bièvre ;

» 2° A faire toutes les dispositions nécessaires pour la pro—
» chaine rédaction des projets relatifs à ces travaux ;

» 3° Et à ne plus rien négliger pour faire adopter, dans un
» très court délai, un règlement général de la rivière de Bièvre,
» dont les dispositions soient de nature à concilier les intérêts
» des propriétaires et des usiniers dans les deux départements
» traversés par ce cours d'eau. »

» Si, d'un côté, le conseil général redoublait d'instance auprès
de l'administration pour obtenir qu'on s'occupât de procurer à la
Bièvre les améliorations dont elle a un si grand besoin dans l'intérêt de la salubrité publique et des nombreux établissements que
cette rivière alimente, de l'autre côté nous rendrons ce témoi-
gnage que MM. les ingénieurs, mis à l'œuvre par l'administration,
se sont livrés aux études les plus approfondies pour fournir les
moyens d'apporter à la Bièvre les améliorations demandées.

» Nous avons sous les yeux huit rapports de MM. les ingénieurs des   janvier 1838, 19 juillet 1839, 10 mars, 30 septembre et 8 novembre 1844, 31 octobre 1845, 14 octobre 1846
et 30 août 1847.

» Ces rapports s'occupent particulièrement :

» Des travaux pour la mise en état du lit et des berges de la
Bièvre, et pour l'établissement de la fausse rivière sur la ligne du
thalweg ;

» Des usines existantes et des déversoirs à établir en amont
de chacune d'elles ;

» Du curage, tant de la Bièvre et de ses affluents que de la
rivière morte ;

» Des puits artésiens ;

» De l'étang-réservoir et de l'acquisition de l'emplacement
sur lequel il sera formé ;

» Des inondations auxquelles la vallée de la Bièvre est exposée ;

» De la police de la Bièvre sous le rapport des attributions
respectives du préfet de la Seine et du préfet de police ;

» De l'institution du syndicat.

» Notre discussion va s'ouvrir sur chacun de ces points et sur les deux questions ci-après, de savoir :

» 1° Si dans le règlement à obtenir nous devons ne nous occuper que de la partie de la Bièvre qui a son cours dans le département de la Seine ; et si, même pour cette partie, il n'y aurait pas deux règlements à faire, l'un pour l'intérieur de Paris et l'autre pour l'extérieur ;

» 2° Par qui et dans quelles proportions devront être supportées les dépenses qu'entraîneront les travaux et acquisitions à faire.

» Nous ferons de cette discussion l'objet des dix paragraphes qui suivent :

§ 1er. — *Des portions de la Bièvre qui sont à réglementer.*

» Le conseil général a constamment demandé un règlement unique pour tout le cours de la Bièvre. Nous ne pouvons partager son opinion à cet égard ; nous pensons, au contraire, qu'il faut maintenir le règlement en vigueur pour la partie de la Bièvre qui a son cours dans Seine-et-Oise, parce que ce règlement est pratiqué depuis assez longtemps à la satisfaction de tous les intéressés, et qu'il n'est contestable, comme nous l'avons déjà fait remarquer, qu'en ce qui concerne les art. 32 et 33. Or, la réformation de ces articles, qui n'entraînera avec elle l'accomplissement d'aucune formalité, sera bien moins difficile à obtenir que la refonte totale de ce même règlement dans un règlement unique, laquelle exigerait dans le département de Seine-et-Oise une nouvelle instruction et une nouvelle enquête.

» Nous sommes, en outre, de l'avis qu'il soit fait deux règlements distincts pour la portion de la Bièvre qui a son cours dans le département de la Seine ; l'un pour ce qui est en dehors de Paris, et l'autre pour l'intérieur de cette ville. Tout est simplifié pour cette dernière partie par la canalisation de son lit et par la suppression des usines ; et vous savez qu'aux termes de l'ordonnance royale du 20 juin 1840, on n'attendait que l'achèvement de ces travaux, alors en cours d'exécution, pour faire rendre le règlement d'administration publique par lequel il serait pourvu

aux frais de curage et d'entretien du nouveau lit et des ouvrages y correspondant ; tandis qu'au contraire tout est difficulté et complication pour la partie de la Bièvre comprise entre la limite du département et le mur d'enceinte de Paris.

» En demandant des règlements distincts, nous nous conformons à l'ordonnance royale du 20 juin 1840, et nous entrons dans la voie pratiquée par M. le préfet de police, qui n'applique à ces deux parties de la Bièvre ni le même régime, ni les mêmes agents.

§ 2. — *Des travaux pour la mise en état du lit et des berges de la Bièvre, et pour la formation d'une fausse rivière sur la ligne du thalweg.*

» On conçoit qu'il ne s'agit ici que de la partie de la Bièvre comprise entre la limite du département et le mur d'octroi de Paris.

» Une première mise en état de la Bièvre dans cette partie est indispensable : son curage et son entretien ne pourraient être satisfaisants qu'à cette condition. Telle est l'opinion de MM. les ingénieurs, partagée par la commission.

» Les travaux que cette mise en état exige sont détaillés dans les rapports des 19 juillet 1839 et 30 septembre 1844 ; en voici l'énonciation sommaire :

» 1° Donner à cette partie de la rivière une largeur uniforme fixée à 4 mètres ;

» 2° En niveler le lit, en comblant les bas-fonds qui existent avec des pierres et des recoupes de carrières, pour obtenir un lit solide et d'une égale profondeur ;

» 3° En fortifier et élever les berges et les rendre imperméables.

» M. l'ingénieur en chef a reconnu depuis, que de Paris jusqu'à Gentilly, comme de Gentilly à Cachan, il était nécessaire, non-seulement de régulariser le profil de la rivière tant dans le sens transversal que dans le sens longitudinal, mais encore d'y établir un radier en béton pour rendre le fond du lit invariable.

» Enfin, MM. les ingénieurs, après s'être occupés de la

rivière vive, se sont occupés de la rivière morte ou faux rû ; ils en demandent l'établissement sur toute la ligne du thalweg pour recevoir l'eau de la rivière vive qui s'échappe par les déversoirs et toutes les autres eaux inférieures. Cette fausse rivière, déjà en partie existante, aurait une largeur de 2 mètres et une profondeur de 50 centimètres, et exigerait aussi vers Paris, à raison des industries qu'elle alimente, la construction d'un radier en béton.

» L'évaluation approximative des dépenses occasionnées par ces travaux est de 310,000 fr., dont 180,000 fr. pour les radiers à construire en béton ; 100,000 fr. pour la régularisation du profil des rivières vive et morte, et 30,000 fr. pour établir des rivières mortes là où la rivière vive existe seule et n'occupe pas le fond du thalweg.

» La commission qui a visité par elle-même la Bièvre dans tout son cours est convaincue que l'exécution de tous ces travaux aura pour résultat d'en assainir les eaux, d'en augmenter le volume, et, comme nous l'expliquerons plus loin, de garantir la vallée de la Bièvre du fléau des inondations.

§ 3. — *Des usines existantes et des déversoirs à établir en amont de chacune d'elles.*

» Il ne s'agit pas ici, comme dans le paragraphe précédent, de travaux généraux, mais de travaux particuliers non moins urgents, lesquels sont à la charge respective de chaque usinier.

» Les usines que fait mouvoir la partie de la Bièvre qui nous occupe sont au nombre de huit. Ce sont les moulins d'Antony, de Berny, de L'Hay, de Cachan, d'Arcueil, de la Roche, de Gentilly et des Prés.

» La détermination de la hauteur à laquelle chacune de ces usines a le droit de retenir les eaux, a fait l'objet d'un rigoureux examen consigné dans le rapport du 19 juillet 1839.

» Les moulins de Cachan, de Berny et d'Antony sont les seuls susceptibles d'éprouver une réduction dans la hauteur à laquelle ils tiennent les eaux.

» Parmi les travaux à exiger des propriétaires de ces usines, les principaux consistent dans l'établissement de déversoirs fixes en maçonnerie, de 4 mètres au moins de largeur, à construire en amont de leurs usines.

» La commission ne peut qu'insister pour que les prescriptions de MM. les ingénieurs contenues dans ce rapport soient promptement mises à exécution, et pour qu'il soit fait à ce sujet contre les usiniers toutes les diligences nécessaires.

§ 4. — *Du curage de la Bièvre, de ses affluents et de la rivière morte.*

» Lorsque les travaux mentionnés dans les deux paragraphes ci-dessus auront été exécutés, on pourra sans difficulté imposer les conditions les plus rigoureuses pour que l'opération annuelle du curage et de l'entretien ne laisse rien à désirer; mais ce point n'est pas le seul qui soit à considérer.

» Nous avons à examiner s'il convient que le curage et l'entretien soient exécutés directement par les usiniers et par les riverains sur qui pèse cette charge;

» Ou s'il ne vaut pas mieux que ce travail soit mis à l'entreprise sur adjudication au rabais;

» Ou si son exécution en régie ne serait pas préférable;

» Et enfin nous aurons à déterminer par qui les frais en devront être supportés.

» L'administration a depuis longtemps repoussé l'exécution directe du curage et de l'entretien par ceux sur qui pèse cette charge, comme ne pouvant s'effectuer avec l'uniformité et l'exactitude désirables. MM. les ingénieurs appuient le système de l'administration par d'excellentes raisons; ils y dérogent pourtant, mais seulement en ce qui concerne les affluents dont le curage pourrait être laissé, suivant eux, aux riverains. (Rapport du 30 septembre 1844.)

» L'avis de la commission est contraire à cette exception, parce que l'uniformité et l'exactitude sont également désirables dans le curage des sources et affluents, et que c'est à l'administration à déterminer es lieux et les limites dans lesquels il doit s'effectuer.

» Ainsi, il ne reste plus, en ce qui touche l'exécution, que de savoir si l'on doit employer le mode de l'adjudication au rabais ou celui de la régie.

» La commission s'est prononcée en faveur de la régie comme étant le mode le plus satisfaisant dans une opération où les entretiens auront toujours le plus d'importance, et qui présente à la fois une grande variété dans la nature des travaux. Ce mode exigera que les travaux soient constatés au moyen de feuilles d'attachement que les agents préposés à la surveillance arrêtent chaque jour.

» Maintenant il ne s'agit plus que d'examiner sur qui devront peser les dépenses, et par suite, dans quelle proportion chacun des contribuables devra les supporter.

» Jetons un coup d'œil sur ces dépenses. Nous remarquerons qu'elles se composent : 1° des travaux d'entretien, curage et fauchage sur la rivière vive, la rivière morte et leurs affluents ; 2° et de tous les frais de régie et de surveillance. Mais il existe aussi des recettes résultant de la rétribution payée par les propriétaires de lavoirs et tonneaux de lavage à imputer sur ces dépenses dont l'excédant seul serait à supporter par les contribuables.

» Ces contribuables forment trois catégories, composées :

» La première, des riverains pour lesquels, il faut le reconnaître, le passage de la rivière n'est qu'une servitude ;

» La seconde, des propriétaires d'usines auxquels ce cours d'eau fournit la force motrice essentielle pour leurs usines ;

» Et la troisième, des propriétaires d'établissements industriels désignés dans les anciens règlements sous le titre d'intéressés à la conservation des eaux, lesquels en usent pour leurs diverses industries, notamment pour le lavage.

» M. l'ingénieur en chef propose d'admettre les bases suivantes pour la répartition de ce qui serait à supporter dans cet excédant de dépenses par chacune des catégories de contribuables :

» Il en met trois cinquièmes à la charge des propriétaires riverains du cours d'eau compris dans la première catégorie ;

» Et les deux autres cinquièmes à la charge commune des contribuables compris dans les deuxième et troisième catégories.

» Cette division établie, la répartition entre ceux de la première catégorie se ferait d'après la longueur des rives appartenant à chacun d'eux et eu égard à la nature des propriétés ;

» Et la répartition entre ceux des deux autres catégories se ferait à l'égard des propriétaires d'usines en prenant pour proportion la force motrice de chaque usine ;

» Et quant aux industriels, en se réglant d'après l'importance de l'établissement et le degré d'influence de chaque industrie sur les frais d'entretien et de curage.

» Les propriétaires d'usines et d'établissements seraient imposés à la fois à ce titre et comme propriétaires riverains quand il y aurait lieu.

» Enfin, les communes seraient imposées comme propriétaires des rives où sont établies des rues, des places, des ponts et autres voies publiques.

» La commission qui s'est bien rendu compte de ces bases et de toutes les conséquences de leur application, les a trouvées équitables, et a décidé qu'elles entreraient dans le projet du règlement applicable à la partie de la Bièvre qui nous occupe.

§ 5. — *Des puits artésiens.*

» La commission est pénétrée de l'opinion qu'un grand parti peut être tiré de l'établissement des puits artésiens pour augmenter le volume des eaux de la Bièvre.

» Elle désire très vivement que l'on donne suite aux expériences qui ont déjà été faites dans les communes de L'Hay et d'Antony, et qu'on en fasse de pareilles dans le département de Seine-et-Oise.

» MM. les ingénieurs établissent que les forages déjà faits et qui ont réussi peuvent procurer à la Bièvre un volume d'eau d'environ 100 pouces ou 2,000 mètres cubes par 24 heures.

» Il faut terminer ces puits et en créer d'autres. Les dépenses faites s'élèvent à la somme d'environ 8,000 fr. MM. les ingénieurs estiment que celles qui restent à faire ne dépasseront pas 70,000 fr.

§ 6. — *Etang-réservoir et acquisition du terrain pour son emplacement.*

» Le projet déjà fort ancien de la création d'un étang-réservoir pour servir à l'alimentation de la Bièvre dans la saison d'étiage, est depuis longtemps le sujet d'études approfondies de la part de MM. les ingénieurs ; ils les ont consignées dans les rapports dont nous avons déjà parlé.

» Cet étang serait établi dans un bois du domaine de la liste civile, nommé le bois de la Minière, situé commune du Buc, immédiatement au-dessous du moulin de la Minière.

» Sa superficie serait, d'après les derniers renseignements fournis, de 19 hectares et demi, et le volume d'eau qu'il pourrait contenir de 600,000 mètres cubes environ.

» Il serait rempli par les eaux pluviales des coteaux voisins qui s'y déversent naturellement, et par le trop plein des étangs de la liste civile.

» La Bièvre recevrait de cet étang, pendant la saison d'étiage, 200 pouces ou 4,000 mètres cubes d'eau par 24 heures, ce qui doublerait précisément sa force, attendu que le débit moyen de cette rivière, d'environ 500 pouces, est réduit pendant quelques mois d'été aux deux cinquièmes de ce volume.

» Enfin, le lit de la Bièvre qui traverse le bois de la Minière serait reporté sur la rive droite de l'étang.

» La dépense à faire pour l'établissement de cet étang-réservoir est portée par les ingénieurs à la somme de 360,000 fr., dans laquelle ils ne font pas entrer le prix de l'immeuble à acquérir pour l'emplacement de cet étang.

» Cette somme de 360,000 fr., qui n'est fixée que par approximation, se compose, suivant les détails donnés par M. l'ingénieur en chef : 1° de la somme de 200,000 fr. pour la construction de la digue et des ouvrages d'art qui s'y rapportent ; 2° de celle de 150,000 fr. pour le creusement et la régularisation du lit de l'étang, le dressement de ses berges, la création d'un bassin d'épuration où les eaux déposeront leur limon, et l'établissement du nouveau lit de la rivière sur la rive droite de l'étang, et pour les travaux d'étanchement qui pourront être nécessaires, toutes choses non comprises dans les précédentes évaluations; 3° et de celle de 10,000 fr. pour les travaux de dérivation, au profit de l'étang réservoir, des eaux qui proviennent du trop plein de l'étang de Saint-Quentin.

» L'immeuble à acquérir appartenant à la liste civile, l'acquisition ne pourra en être faite que sur une déclaration d'utilité publique. Cette utilité est trop évidente pour être contestée ; mais l'ordonnance à rendre entraînera des formalités que l'administration du département de la Seine devra remplir.

» Il résulte des évaluations faites, que cette acquisition pourra avoir lieu moyennant la somme de 60,000 fr.

» Ainsi la dépense totale à effectuer serait de 420,000 fr.

» La commission est si fort pénétrée de la nécessité de l'étang-réservoir, que malgré l'importance de cette dépense elle n'hésite pas à la proposer.

§ 7. — *Des inondations auxquelles la vallée de la Bièvre est exposée.*

» Quoique les débordements de la Bièvre ne soient pas comparables aujourd'hui à ce qu'ils étaient dans les temps anciens, ils produisent encore des inondations très préjudiciables, et particulièrement à une industrie très importante pour l'approvisionnement de Paris : l'emploi, comme pâturage, des prairies de la Bièvre pour les bestiaux destinés au marché de Sceaux.

» Il faut rechercher les causes de ces débordements pour arriver à les détruire.

» MM. les ingénieurs les attribuent principalement à l'insuffisance et aux interruptions du lit de la rivière morte ; à la mauvaise confection des berges de la rivière vive, au défaut de déversoirs en amont des usines, et aux entraves apportées en beaucoup d'endroits dans le cours des eaux, sur la rivière vive et sur la rivière morte, par des plantations et des constructions.

» Ces causes seront détruites par l'effet des travaux dont il est parlé au § 2.

» D'un autre côté, les eaux que déversent les étangs de la liste civile, après les grandes pluies, sont aussi pour la Bièvre une cause de débordements, et les dégâts qui en sont la suite donnent souvent lieu à des demandes d'indemnités.

» Mais tous ces inconvénients disparaîtront, ou du moins seront considérablement atténués par la création de l'étang-réservoir dans lequel sera recueilli le trop plein des étangs de la liste civile.

» Ce qui vient d'être dit prouve de nouveau toute l'importance et toute l'utilité des travaux projetés et de la création de l'étang-réservoir.

§ 8. — *Des attributions de M. le préfet de la Seine et de M. le préfet de police sous le rapport du curage de la Bièvre.*

» La grande extension donnée aux attributions de M. le préfet de police dans l'administration de la Bièvre, par l'ordonnance de police du 19 messidor an IX ci-devant énoncée, se trouve par le fait bien réduite en ce qui concerne la partie de cette rivière située dans Paris, et ce depuis que cette partie de la Bièvre a reçu les grandes améliorations dont nous avons parlé. Mais M. le préfet de police a conservé l'exercice de tous les droits résultant de l'ordonnance du 19 messidor an IX pour l'autre partie de la Bièvre située hors de Paris.

» Il faut convenir que dans l'état présent de cette partie de la Bièvre, il est difficile qu'il en soit autrement.

» Le curage qui, par sa nature, appartient à la salubrité, est du ressort de M. le préfet de police. Or, comme dans l'exécution de ce curage sont compris le rétablissement des berges, le comblement des bas-fonds et beaucoup d'autres travaux analogues imposés à l'adjudicataire, les travaux relatifs à l'entretien du lit de la rivière, qui sont dans les attributions de M. le préfet de la Seine, sont ainsi restés dans les attributions de M. le préfet de police.

» Mais il n'en pourra plus être de même à l'avenir, attendu que les travaux projetés sont tous de la compétence de M. le préfet de la Seine, et que dans les travaux annuels à exécuter en régie pour l'entretien et le curage, l'entretien, qui est du ressort

de M. le préfet de la Seine, comprend comme accessoire insépa-
rable l'exécution du curage : ce qui naturellement fait rentrer
ce curage, pour la partie de la Bièvre qui nous occupe, dans les
attributions de M. le préfet de la Seine.

§ 9. — *De l'institution du syndicat.*

» Il est évident que ce n'est pas dans Paris qu'on peut proposer
l'établissement d'un syndicat. Cette institution serait pour la police
de la Bièvre une cause continuelle de difficultés et de conflits.

» Mais pour l'autre partie de la Bièvre, entre le mur d'octroi et
la limite du département, où il est possible de procéder comme
dans le département de Seine-et-Oise, l'établissement d'un syndicat est jugé par la commission devoir être avantageux. En effet,
si l'on considère particulièrement la nature des difficultés que pré-
sentera la fixation du contingent de chaque contribuable dans les
dépenses, pour ne pas sortir à son égard des bases équitables déve-
loppées au § 4 ci-dessus, on reconnaîtra que, sans le secours d'un
syndicat, il serait impossible à l'administration de remplir une
pareille tâche.

§ 10. — *Du concours dans le paiement des dépenses.*

» Les dépenses à faire pour l'amélioration de la Bièvre se réca-
pitulent comme suit :

» 1° Pour la mise en état des rivières vive et
morte (§ 2)......................... 310,000. »

» 2° Pour les puits artésiens (§ 5)........ 70,000. »

» 3° Et pour l'établissement de l'étang-réservoir et l'acquisition de son emplacement (§ 6).. 420,000. »

» Total (1)...... 800,000. »

» Nous avons à établir par qui ces dépenses, dont nous voyons
l'importance, devront être supportées.

---

(1) Il convient de noter ici, à titre de renseignement, que pour les
études à faire de l'étang-réservoir et des puits artésiens à établir, le

» Il est naturel que l'on s'adresse :

» 1° Aux propriétaires d'usines sur la Bièvre dans le département de Seine–et–Oise et dans le département de la Seine ;

» 2° Aux propriétaires d'établissements industriels désignés par le titre d'intéressés à la conservation des eaux ;

» 3° Aux propriétaires riverains ;

» 4° Aux communes à l'égard desquelles sont applicables les dispositions de l'art. 35 de la loi du 16 septembre 1807, ci-devant cité ;

» 5° Enfin au département pour compléter la somme nécessaire au paiement de ces dépenses.

» Voici, à l'égard des propriétaires d'usines, les considérations exprimées par M. l'ingénieur en chef. Ils ne peuvent, dit-il, refuser de supporter le poids principal de la contribution ; ce sont eux, et à vrai dire eux seuls, qui ont provoqué, par leurs réclamations incessantes, l'exécution de l'étang–réservoir.

» Ceux de Seine-et-Oise doivent payer la plus forte part, parce qu'ils sont plus nombreux (12 au lieu de 8), et parce que l'approvisionnement d'eau leur profitera dans la proportion de la hauteur de leur chute qui est moyennement de 3 mètres 96 centimètres, tandis qu'elle n'est que de 2 mètres 18 centimètres dans le département de la Seine.

» M. l'ingénieur en chef estime que l'augmentation de force motrice pourra s'élever pour ces usines à un septième environ. Or, en admettant que le loyer des douze usines s'élève aujourd'hui à 42,000 fr. (3,500 fr. par usine), l'augmentation de revenu sera de 6,000 fr. qui, capitalisée au denier dix comme capital indus-

---

conseil général, par ses délibérations des 30 octobre 1843, 16 novembre 1844, 13 novembre 1845 et 13 novembre 1846, a voté plusieurs sommes qui s'élèvent ensemble à.......... .... 44,200. »

Que sur cette somme il a été dépensé avant 1847. 24,173. 90 }
Et en 1847 jusqu'à ce jour... .... 6,000. » } 30,173. 90

Qu'ainsi, pour la continuation de ces études et expériences, il reste disponible une somme de................ 14,026. 10

triel, donne une somme de 60,000 fr., laquelle serait à demander aux usines de Seine-et-Oise, mais que M. l'ingénieur en chef propose de réduire à 50,000 fr., ci.......... 50,000. »

» Les usines du département de la Seine, dont les fermages réunis n'atteignent pas 15,000 fr., ne devraient être imposées qu'à 20,000 fr. tout au plus, si elles ne devaient profiter que des eaux de l'étang-réservoir ; mais comme elles tireront un grand parti des forages artésiens et de tous les travaux qui seront faits pour l'amélioration du lit de la Bièvre, M. l'ingénieur en chef pense qu'on peut leur demander.................. 30,000. »

» Quant aux propriétaires d'établissements industriels, l'avis de M. l'ingénieur en chef est qu'on leur demande une pareille somme de 30,000 fr. qui serait à répartir entre ceux de l'extérieur et ceux de l'intérieur de Paris, ci............. 30,000. »

» Passons aux propriétaires riverains. M. l'ingénieur en chef fait observer que le nouvel approvisionnement d'eau n'a pas pour eux un véritable intérêt ; que la Bièvre, telle qu'elle est, leur suffit à peu près ; que le volume d'eau additionnel qu'il s'agit d'y introduire ne changerait notablement leur condition qu'autant qu'on leur permettrait de faire des saignées et des irrigations, et c'est précisément ce qu'on leur interdira sévèrement. D'ailleurs, comment imposer les riverains du département de la Seine si l'on ne demande rien à ceux de Seine-et-Oise ?

» Les propriétaires riverains, ajoute M. l'ingénieur en chef, ne doivent être imposés que pour l'amélioration du lit de la Bièvre et surtout pour l'établissement du radier, et la répartition de leur contingent devra être fort inégale entre eux, selon que leurs propriétés seront placées vers l'amont ou vers l'aval.

» Il propose de ne mettre à leur charge que le quinzième des dépenses de cette nature, 20,000 fr., ci........ 20,000. »

» A l'égard des communes passibles d'un concours dans les dépenses pour cause de salubrité, en vertu de la loi du 16 septembre 1807, M. l'ingénieur en chef désigne celles de Gentilly t d'Arcueil comme éminemment intéressées à l'amélioration du lit de la rivière de Bièvre qui les traverse, aussi bien qu'à l'augmentation du volume de ses eaux, et porte à **10,000 fr.** la subvention qu'on devrait obtenir de ces communes, ci. **10,000.** »

» C'est, comme on voit, une somme totale de **140,000 fr.** qui serait à obtenir de ces divers contribuables, ce qui laisserait à la charge du département, dans les **800,000 fr.** de dépenses, une somme de **660,000 fr.**

» Ces conclusions sont acceptées par la commission, et quoique la somme de **140,000 fr.** à demander à ces contribuables n'excède guère un sixième de la dépense totale, la commission ne croit pas qu'il soit possible de leur rien demander en plus, puisque cette somme représente les avantages qu'ils devront retirer des travaux projetés : on doit même prévoir qu'il faudra leur accorder des délais pour le paiement de cette somme. Si donc la résolution de hâter l'exécution des travaux est admise, ainsi qu'on doit l'espérer, l'avance de cette somme devra être faite par le département qui s'en remplirait ensuite sur les recouvrements à faire aux échéances.

» La commission est persuadée que le conseil général n'hésitera pas à accorder les **660,000 fr.** qui restent à la charge du département. L'amélioration de la Bièvre ne peut être obtenue qu'à cette condition, et le conseil ne perdra pas de vue qu'indépendamment des avantages particuliers qui en résulteront, on en aura recueilli d'autres d'un ordre bien autrement élevé et qu'il entre dans les devoirs de l'administration de procurer ; car on aura satisfait à un grand intérêt de salubrité et en même temps assuré et amélioré les éléments du travail à une population considérable. »

CONCLUSION.

La commission considère les améliorations réclamées pour la Bièvre comme absolument nécessaires et indispensables et comme ayant tous les caractères de l'utilité publique.

Et pour que l'administration soit en droit de les faire exécuter, la commission, prenant pour exemple la marche suivie pour arriver à l'amélioration de la Bièvre dans Paris, propose de recourir à une ordonnance royale analogue à celle du **20 juillet 1840** et ci-devant transcrite, pour faire déclarer d'utilité publique tant les travaux à entreprendre que l'acquisition de l'emplacement de l'étang-réservoir.

» Enfin, la commission vous présente, monsieur le préfet, un projet de règlement pour la police de la Bièvre applicable à la partie de cette rivière depuis son entrée dans le département de la Seine jusqu'au mur d'octroi de la ville de Paris. Ce règlement est dressé conformément aux avis de la commission ci-devant exprimés, et suppose l'exécution préalable des améliorations réclamées pour la Bièvre. »

Ce rapport, signé Lahure, a été approuvé par la commission le **18 octobre 1847.**

Voici le texte du mémoire présenté par M. le préfet sur l'amélioration du même cours d'eau :

« Messieurs,

» Le conseil général, sollicité par les propriétaires riverains de la rivière de Bièvre, porte depuis plusieurs années son attention et son intérêt le plus vif sur les améliorations que réclame ce cours d'eau, soit dans son état matériel et son régime, soit dans son administration et sa police. Vos délibérations à ce sujet m'ont imposé un soin dont je me suis acquitté, et je viens aujourd'hui vous présenter l'exposé des travaux faits par une commission spéciale et par l'administration, pour satisfaire au vœu que vous m'avez fait connaître.

» Je n'ai pas besoin, à cette occasion, de vous parler longuement de l'importance du cours d'eau qui nous occupe ; vous êtes, à cet égard, parfaitement éclairés : cependant il est peut-être à propos, pour expliquer et justifier les propositions que j'aurai bientôt à faire, de rappeler ici quelle est, au point de vue de l'industrie, l'utilité de la Bièvre ; de vous faire remarquer, Messieurs, que ce cours d'eau, le seul qui pénètre dans la capitale, sans être réservé à la navigation, est le seul aussi qui permette dans Paris l'établissement des diverses fabriques et manufactures où l'eau est employée avec abondance comme agent ou comme auxiliaire indispensable ; que les industries exercées sur ses rives, procurent des moyens d'existence à la population presque entière d'un grand quartier; que le nombre des ouvriers occupés par ces industries a de tout temps été considérable; qu'on le portait, en l'année 1794, à plus de 30,000, et qu'aujourd'hui il s'élève au moins à 40,000, y compris les ouvriers des communes limitrophes traversées par la Bièvre immédiatement au-dessus de Paris.

» Il est évident, Messieurs, qu'un cours d'eau placé dans de semblables conditions est de la plus haute importance, et que l'autorité a pour devoir essentiel d'en assurer la conservation : aussi voit-on que les efforts de l'administration ont toujours tendu vers ce but. D'abord la Bièvre, quoique non navigable, a été désignée cependant comme une rivière d'intérêt général, et considérée, jusqu'à un certain point, comme si elle avait fait partie du domaine public; puis, en vertu de ce motif tout puissant, on l'a soumise à des règles exceptionnelles; enfin, c'est encore la raison d'utilité publique qui, en dernier lieu, a été invoquée et a prévalu lorsque, après de longues années de plaintes sur l'insalubrité des quartiers de Paris traversés par la Bièvre, l'administration municipale s'est décidée à faire un grand sacrifice pour l'exécution de divers travaux de canalisation et autres dont la dépense s'est élevée à plus de 1,500,000 fr., sur lesquels les riverains et intéressés ont fourni seulement une contribution de 100,000 fr.

» Tels sont, Messieurs, les faits et les circonstances que je vous prie de vouloir bien ne pas perdre de vue, en ce qui concerne la rivière de Bièvre *intra muros;* ils ont beaucoup de rapport avec ce qui s'est passé et avec ce qui doit être fait pour la Bièvre *extra muros.* En effet, la nécessité a obligé la ville de Paris à se charger d'une dépense considérable dans un intérêt de salubrité; et la même force de choses vous a amenés successivement à consentir aussi un sacrifice important dans le même intérêt, afin d'apporter à l'œuvre municipale son complément indispensable.

» Lors des premières demandes faites par les riverains de la Bièvre hors Paris, il n'était encore question que d'une modification à des usages anciens et à des règlements surannés qui, disait-on, n'étaient plus en rapport avec les besoins nouveaux et dont l'exécution, à raison de l'état actuel de la Bièvre, blessait les intérêts des propriétaires et usiniers. Aussi les délibérations du conseil général, depuis 1839 jusqu'en 1842, ne parlent guère d'autre chose que d'une réforme dans la police et le régime de la Bièvre. L'administration avait seulement fait faire quelques recherches d'eau dans le département de la Seine ; mais on arriva bientôt à reconnaître que des règlements nouveaux, quels qu'ils fussent, n'apporteraient pas à l'état de la rivière l'amélioration qui était devenue absolument nécessaire ; et le conseil, dans sa délibération de 1843, demanda que des études fussent faites en vue d'obtenir un plus fort volume d'eau. Le département entrait, dès lors, dans la voie qu'avait ouverte la ville de Paris, celle des travaux.

» La délibération de 1844 fut prise après un commencement d'études dans les propriétés de la couronne, à l'origine de la rivière ; elle demande l'achèvement de ces études, et le conseil y émet le vœu qu'il soit procédé, le plus tôt possible, avec le concours de la liste civile, à l'entreprise des ouvrages ayant pour objet l'alimentation plus abondante de la Bièvre. La délibération de 1845 s'occupe encore davantage des travaux. On possédait déjà l'avant-projet des ouvrages à exécuter pour établir un grand réservoir dans le département de Seine-et-Oise ; la dépense en était évaluée à 200,000 fr., non compris le prix du terrain ; on savait aussi le résultat des premiers sondages faits dans le département de la Seine. Le conseil s'est donc prononcé sur le vu de ces documents, et il m'a invité à presser la conclusion de l'affaire par la présentation des projets définitifs et par l'adoption d'un règlement général. En 1846, les études avaient fait de nouveaux progrès ; on était fixé sur les ouvrages accessoires de l'étang-réservoir, et la dépense était évaluée pour l'ensemble à 300,000 fr., non compris l'acquisition du terrain. Le conseil, après avoir pris connaissance de ce travail, s'est encore exprimé dans le même sens et d'une manière peut-être plus explicite ; il m'a invité :

» 1° A faire les plus vives instances auprès de l'administration de la liste civile pour obtenir son consentement à l'exécution des travaux projetés dans la partie supérieure de la vallée de la Bièvre ;

» 2° A faire toutes les dispositions nécessaires pour la prochaine rédaction des projets définitifs ;

» 3° Et à ne plus rien négliger pour faire adopter un règlement général de la rivière de Bièvre.

» Ces diverses délibérations contenaient en outre le vote de plusieurs crédits pour les frais d'études et opérations sur le terrain, et même pour la dépense de quelques travaux de sondage et autres.

» Pour se conformer à ces dernières prescriptions du conseil, les ingénieurs ont continué la préparation de leurs projets ; et de son côté, la commission qui devait préparer un règlement de la Bièvre, commission dont plusieurs d'entre vous, Messieurs, ont bien voulu faire partie, s'est occupée de sa mission avec le plus grand zèle.

» Cette commission, qui d'abord semblait n'avoir à traiter que des questions de règlement, n'a pas tardé à céder, comme vous, à la force des choses, et à étendre son travail. A mesure qu'elle est entrée dans l'examen des dispositions à prescrire pour assurer à la Bièvre un bon régime, elle a reconnu que les questions à résoudre au sujet du règlement de police sont tout-à-fait dépendantes des mesures qui seront prises afin d'augmenter le volume des eaux, de les contenir dans un lit invariable, d'en rendre le cours régulier, et de fournir à la rivière une alimentation suffisante et constante dans toutes les saisons de l'année. La commission a voulu alors prendre connaissance avant tout des projets étudiés ; elle s'est réunie à l'administration, elle s'est éclairée sur tous les points, elle a visité la Bièvre dans les deux départements et dans Paris, elle a vu l'emplacement de l'étang projeté, ainsi que ses sources alimentaires, et elle s'est convaincue que la préférence était due à ce système de grand réservoir sur tout autre moyen de retenue d'eau ; elle s'est rendu compte également de l'effet des puits jaillissants dont le produit pourra être ajouté à la Bièvre dans notre département ; enfin, elle a reconnu les parties du lit de la rivière qu'il serait utile de redresser, et celles qu'il est nécessaire de régler et consolider en les canalisant plus ou moins complètement : car il ne suffit point de se procurer des eaux, il faut aussi les conserver et les amener à Paris aussi pures que possible.

» Après avoir fait cet examen de l'affaire dans tous ses détails, après avoir jugé que l'exécution des projets dont il lui a été donné connaissance était indispensable, la commission a rédigé un projet de règlement en admettant la réalisation probable des améliorations qui doivent transformer le ruisseau bourbeux et infect de la Bièvre en un cours d'eau véritable et salubre ; puis ce règlement a été joint à un rapport adopté par la commission et qui m'a été adressé en son nom par M. Lahure, l'un de ses membres.

» Je me félicite bien vivement d'avoir engagé moi-même la commission à adopter le parti qu'elle a pris, et l'administration est heureuse d'avoir obtenu, dans cette circonstance, un concours si éclairé. Le travail qui m'a été remis est tellement satisfaisant que je n'ai rien à y ajouter, et que je ne puis pas faire mieux que de le communiquer au conseil, en vous priant, Messieurs, de le prendre pour base des votes que vous avez à émettre. Vous trouverez dans ce rapport une analyse de la législation de la Bièvre, depuis l'origine ; un résumé de renseignements curieux sur ce cours d'eau et sur son importance pour le département de la Seine, et en particulier pour la capitale ; un détail des dispositions et des ouvrages auxquels ont été employés les 1,500,000 fr. dépensés dans Paris ; un exposé du projet admis pour l'étang-réservoir, ainsi que des projets des ingénieurs pour la consolidation et l'amélioration du lit de la Bièvre dans le département ; une récapitulation s'élevant à 800,000 fr. de la dépense de tous ces travaux, y compris acquisition de terrain, et enfin une évaluation du concours à exiger des intéressés à l'exécution de ces ouvrages.

» Vous voyez, Messieurs, que le point essentiel et urgent est l'amélioration du cours d'eau même. Ce point est admis, je ne m'y arrêterai pas davantage. Quant au règlement qui a été préparé pour satisfaire à votre désir, quoique ce fût un objet secondaire, il sera soumis à l'instruction qu'il doit subir ; j'en ai même déjà fait un premier examen, et je le crois susceptible d'être adopté dans son ensemble : il est d'ailleurs établi suivant des principes qui m'ont paru prévaloir dans l'opinion du conseil. Ainsi l'on y admet un syndicat qui coopérerait à la surveillance de la rivière, et qui ferait la répartition des charges d'entretien et de curage ; on pose pour cette répartition des bases qui semblent équitables, et l'on place les travaux sous la direction immédiate des ingénieurs ; enfin les attributions des autorités qui doivent prendre part à l'administration de la Bièvre sont déterminées d'une manière précise et conforme à la loi ; de telle sorte qu'il ne pourrait plus y avoir aucune incertitude pour les administrés.

» A l'égard des travaux dont nous devons nous occuper immédiatement, j'ai fait une première démarche pour en préparer l'exécution, ainsi que le vœu réitéré du conseil et ses délibérations m'y autorisaient formellement ; j'ai communiqué à M. l'intendant général de la liste civile le résultat des études faites pour l'établissement d'un grand étang dans une dépendance du domaine de Versailles, à quelque distance du village de Buc, et j'ai demandé le consentement de cet administrateur à la formation de cette réserve d'eau au profit de la Bièvre. Je n'ai pas encore reçu de réponse officielle ; mais je puis cependant, Messieurs, vous annoncer aujourd'hui que de ce côté le projet ne rencontrera aucun obstacle.

» Je m'occuperai maintenant de la question des dépenses. Le conseil remarquera qu'il ne s'agit plus seulement du projet de l'étang, et que depuis l'année dernière la dépense a pris de nouvelles proportions. Cela tient, Messieurs, à ce que la commission, en visitant la Bièvre, à Gentilly et à Arcueil, a reconnu avec MM. les ingénieurs que dans ces localités la rivière se trouve à peu près dans les mêmes conditions qu'à Paris ; qu'elle est mal réglée, que l'écoulement y est insensible, que le lit se dégrade, que les eaux sont employées à des industries qui les altèrent, et que si cet état de choses n'était pas entièrement amélioré, les eaux continueraient de se corrompre et d'arriver à Paris mauvaises et infectes, quels que soient les ouvrages exécutés dans la partie supérieure de la rivière, même pour en augmenter le volume. C'est donc avec raison que la commission, sans s'arrêter à la dépense, propose un complément de travaux qui est indispensable, et que les ingénieurs avaient déjà prévu et indiqué en partie, en se réservant d'en produire ultérieurement le projet.

» En vous parlant, Messieurs, de la dépense du projet dont il est question, il n'est peut-être pas inutile de la comparer avec les sommes qui ont été employées pour l'assainissement de plusieurs parties du département d'une étendue restreinte, et beaucoup moins importantes que ne le sont les deux communes de la banlieue que je viens de citer et la partie de la ville traversée par la Bièvre. Vous avez dépensé pour l'assainissement de Vincennes 245,000 fr.; pour le rû de Montreuil, qui n'a aucune utilité industrielle, 180,000 fr., et tous les travaux ne sont pas terminés ; l'assainissement de Villejuif a coûté 105,000 fr. ; celui de Vaugirard et Grenelle, 154,000 fr.; celui de Châtillon, d'une partie de Vanves et de Montrouge, en cours d'exécution, coûtera 450,000 f. ; il a été dépensé 110,000 fr. à Issy où l'on n'a fait encore que la moitié des travaux ; entre Neuilly et les Batignolles, il a été construit trois grands aqueducs (on achève le dernier) ; l'aqueduc de Neuilly a coûté 312,000 fr.; celui de Clichy 162,000 fr.; l'aqueduc des Batignolles-Monceaux coûtera 220,000 fr. : ce qui porte la dépense sur ce petit canton à 694,000 fr. ; enfin , l'assainissement de la plaine Saint-Denis a occasionné une dépense de plus de 600,000 fr. Je néglige quelques dépenses de moindre importance pour des ouvrages secondaires ; mais les sommes que je viens de mentionner suffisent pour démontrer que celle de 800,000 fr., applicable à toute la Bièvre dans la traversée de deux départements, est relativement fort modérée, surtout si l'on a égard à ce que plus de la moitié de cette somme est destinée à l'étang qui doit compléter les ouvrages exécutés dans Paris, au prix d'un sacrifice bien plus considérable encore.

» Enfin, Messieurs, cette dépense de 800,000 fr. ne tombera pas tout entière à la charge du département ; je vous ai annoncé l'année dernière que je provoquerais une contribution de la part des usiniers, des riverains et des autres intéressés. Vous verrez que la commission s'est également occupée de cet objet ; son rapport contient à ce sujet des calculs basés sur les données qu'on a pu obtenir relativement au revenu que donnent les usines dans l'état actuel de la rivière, et au revenu qu'elles pourront donner après l'augmentation du volume des eaux. Il résulte de ces calculs que l'on peut demander aux intéressés, à divers titres, une contribution totale de **140,000** fr. A la vérité, les renseignements dont M. le rapporteur s'est servi, et qu'il cite comme ayant été fournis par M. l'ingénieur en chef, sont un peu modifiés dans une note produite postérieurement par cet ingénieur, qui avait reçu de nouvelles indications, d'après lesquelles la contribution aurait dû être moindre ; mais la commission, qui a connu cette rectification, ne s'y est point arrêtée et a maintenu le chiffre de 140,000 fr.

» J'estime avec la commission que cette somme de 140,000 fr. doit être imposée aux intéressés. Je sais bien qu'au premier aperçu elle paraît trop élevée, puisqu'elle dépasse, dans son rapport avec la dépense, la contribution fournie par les intéressés de Paris, qui n'ont payé que le quinzième des sommes dépensées ; mais je crois qu'on peut avec justice demander aux usiniers et industriels hors Paris une contribution plus forte que celle dont les riverains et les industriels de l'intérieur ont été chargés. En effet, ceux-ci ont toujours trouvé dans la rivière assez d'eau pour leur usage ; il leur était indifférent qu'elle fût plus ou moins pure, à raison de la nature des industries qu'ils exercent pour la plupart. On ne les appelait donc pas à contribuer dans une dépense utile au point de vue de leur intérêt particulier, mais dans une dépense d'utilité publique. Les autres, au contraire, usiniers ou, en grande partie, blanchisseurs sur la rivière *extra muros*, ont un grand intérêt à recevoir des eaux plus propres et en quantité plus considérable. J'ajouterai d'ailleurs qu'un de MM. les membres de la commission a bien voulu voir les usiniers et intéressés du département de la Seine ; que la commission même a entendu le président du syndicat de Seine-et-Oise, et que l'on a pu se convaincre que la somme de 140,000 fr. sera obtenue si l'on accorde aux contribuables un certain délai pour se libérer : ce qui ne doit présenter aucune difficulté.

» Il résulte, Messieurs, de l'exposé qui précède, que l'administration s'est acquittée de la mission qu'elle a reçue du conseil ;

que toute l'instruction préalable à l'adoption définitive des projets
d'amélioration de la Bièvre est terminée, et que l'on peut espérer,
pour la réalisation des projets, l'adhésion de la liste civile et le
concours des parties intéressées.

» Je crois donc que le conseil, persévérant dans ses précédentes résolutions, doit :

» 1° Déclarer que les travaux de la Bièvre, tant pour la formation d'un étang-réservoir que pour la rectification et la consolidation du lit et des berges, est d'utilité publique ;

» 2° Que l'exécution de ces travaux sera entreprise quand les
propriétaires riverains, les usiniers et les autres intéressés à la
conservation des eaux de la Bièvre auront consenti au paiement
d'une contribution totale de 140,000 fr., savoir :

» Les propriétaires d'usines dans le département de Seine-et-Oise	50,000. »
» Les usiniers du département de la Seine . . .	30,000. »
» Les industriels dans le même département.	30,000. »
» Les propriétaires riverains	20,000. »
» Et les communes intéressées dans le département de la Seine.	10,000. »
» Total égal	140,000. »

» 3° Qu'il pourra être accordé un délai à ceux des intéressés
qui le réclameront, pour le paiement de la portion à leur charge
dans cette contribution ;

» 4° Et qu'il sera pourvu à la dépense desdits travaux par des
crédits annuels, suivant l'importance des ressources disponibles ;

» 5° Qu'enfin, un crédit de 10,000 fr. sera compris au budget
de 1848 pour continuer les opérations, sondages et travaux
actuellement entrepris. »

La commission conclut à l'adoption des propositions de M. le
préfet. L'exécution des travaux à entreprendre coûterait, comme
on vient de le voir, environ 800,000 fr., sur lesquels les riverains,

les propriétaires d'usines du département de la Seine et de Seine-et-Oise, les industriels et les communes auraient à payer ensemble une contribution de 140,000 fr.

Un membre demande par qui sera supporté l'excédant de dépense, si excédant il y a : ne devrait-il pas être réparti de la même manière que la dépense principale ? Peut-être a-t-on eu tort de fixer dès aujourd'hui les évaluations de ces travaux.

M. le préfet répond qu'il était indispensable de déterminer dès à présent la part qui devait incomber à chacun ; cela était surtout nécessaire à l'égard des communes qui seront appelées à voter leur contingent, et qui se refuseraient à tout concours si elles pouvaient avoir la pensée d'avoir plus tard d'autres sacrifices à consentir.

Un membre entre dans quelques développements sur la pensée qui a dirigé la commission. Elle n'a pas cru qu'il fût prudent de dire que la dépense pourrait s'élever au-delà du chiffre aujourd'hui prévu ; en tous cas, si ce fait se produisait, la dépense devrait à ses yeux se répartir d'une manière proportionnelle, et le conseil général devrait être appelé à voter de nouveau. Il y a lieu, dit-il, d'adopter la délibération proposée qui est conçue dans cet esprit.

D'autres membres soutiennent, au contraire, que les communes, une fois qu'elles auront déterminé le chiffre de leur concours, ne consentiront jamais à l'élever ; elles considèreront que le département, qui seul fera exécuter les travaux, aura traité avec elles à forfait, et qu'il devra par conséquent prendre les excédants à sa charge. Les particuliers feront de leur côté le même raisonnement.

Plusieurs membres sont d'avis qu'on ne peut laisser les communes et les particuliers en présence d'aucune éventualité, et proposent de déclarer dans la délibération, que le montant des contributions qui sont demandées est définitivement fixé dès aujourd'hui, quelles que soient les chances de l'opération.

Cet amendement est adopté ainsi que la délibération suivante :

LE CONSEIL GÉNÉRAL,

Vu l'arrêt du conseil d'état du 24 février 1732 portant règle-

ment pour la police et la conservation des eaux de la Bièvre et de
ses affluents;

Vu l'ordonnance du grand‑maître des eaux et forêts du
1ᵉʳ mars 1754, confirmée par arrêt du conseil du 14 mai 1756;

Vu l'arrêté des consuls du 25 vendémiaire an IX (17 octo‑
bre 1800);

Vu l'ordonnance de police du 19 messidor an IX (8 juillet 1801);

Vu la loi du 14 floréal an XI (4 mai 1803) sur les rivières non
navigables;

Vu les art. 35, 36 et 37 de la loi du 16 septembre 1807;

Vu l'ordonnance royale du 20 juillet 1840 relative aux travaux
à exécuter sur la Bièvre dans l'intérieur de Paris;

Vu l'ordonnance royale du 13 janvier 1842 portant règlement
pour la police de la Bièvre et de ses affluents dans le département
de Seine‑et‑Oise;

Vu les délibérations du conseil général du département de la
Seine en date des 24 octobre 1839, 27 octobre 1840, 28 octo‑
bre 1841, 25 novembre 1842, 30 octobre 1843, 16 novem‑
bre 1844, 13 novembre 1845 et 13 novembre 1846;

Vu les rapports au nombre de huit de MM. les ingénieurs du
département de la Seine, en date des   janvier 1838, 19 juillet
1839, 10 mars, 30 septembre et 8 novembre 1844, 31 octobre
1845, 14 novembre 1846 et 30 août 1847;

Vu un projet de règlement pour la police de la Bièvre, depuis
son entrée dans le département de la Seine jusqu'au mur d'octroi
de Paris;

Vu le rapport présenté le 18 octobre 1847 à M. le préfet de la
Seine par une commission par lui nommée, et portant le résumé
de tous les actes législatifs, administratifs et judiciaires ci‑dessus
visés; l'examen des travaux à exécuter et la discussion de toutes
les questions relatives à l'amélioration, à la conservation et au ré‑
gime des eaux de la Bièvre;

Vu enfin le mémoire soumis à la délibération du conseil général
par M. le préfet de la Seine, le 9 novembre 1847;

Considérant que les études déjà faites et les observations consignées dans les rapports de MM. les ingénieurs, ainsi que dans le rapport présenté à M. le préfet, en date du **18** octobre **1847**, par une commission spéciale, s'accordent pour engager le conseil général à donner suite à ses précédentes délibérations, afin d'obtenir l'assainissement des eaux de la Bièvre, d'en augmenter le volume et d'en régulariser le cours;

Considérant qu'on doit avoir en vue d'abord l'augmentation du volume des eaux de la Bièvre; que ce but ne serait pas sûrement atteint s'il était permis aux riverains de faire des saignées pour irrigations ou autres usages dans les berges dudit cours d'eau, en usant de la faculté que leur donnent les art. 32 et 33 de l'ordonnance réglementaire du cours de la Bièvre dans le département de Seine-et-Oise, en date du **13** janvier **1842**; que dès lors il importe que le retrait des articles précités de cette ordonnance soit préalablement obtenu;

Considérant que, par la nature des choses, le département de la Seine se trouve appelé à entrer, pour la plus forte part, dans les sacrifices à faire pour l'amélioration de la Bièvre, qui est d'un si grand intérêt comme mesure de salubrité publique, et comme élément de travail pour une population considérable;

Mais qu'il n'en faut pas moins invoquer les principes établis sur les cours d'eau contre les divers intéressés à titres particuliers, pour qu'ils supportent une part de la dépense, proportionnellement, du moins, aux avantages qui résultent pour eux de l'exécution des travaux projetés;

Considérant que la somme de **800,000** fr., à laquelle l'ensemble de la dépense à faire pour l'amélioration du cours de la Bièvre *extra muros* est évalué, paraît régulièrement établie par des devis étudiés pour chaque partie des travaux, limitant les frais de la mise en état des rivières vive et morte à une somme de **310,000** fr.; des puits artésiens à **70,000** fr.; de l'étang-réservoir à **420,000** fr.;

Considérant qu'il est juste et convenable de faire supporter une partie de cette dépense aux divers intéressés à titre particulier;

Considérant qu'il y a équité dans la répartition dont l'indication suit, savoir :

Les propriétaires d'usines établies sur la Bièvre qui emploient les eaux comme moteur contribueraient : ceux du département de Seine-et-Oise pour la somme de 50,000 fr., ci.. 50,000. »

Et ceux du département de la Seine, pour celle de 30,000 fr., ci....................... 30,000. »

Les propriétaires d'établissements industriels qui usent des eaux pour leurs diverses industries, notamment pour le lavage, fourniraient la somme de 30,000 fr., ci....................... 30,000. »

Les propriétaires riverains, la somme de 20,000 fr., ci....................... 20,000. »

Et les communes de Gentilly et d'Arcueil, à imposer en exécution de l'art. 35 de la loi du 16 septembre 1807, la somme de 10,000 fr., ci. 10,000. »

Total....... 140,000. »

Le département de la Seine prendrait à sa charge la somme de 660,000 fr., ci......... 660,000. »

Somme égale..... 800,000. »

Considérant qu'il convient d'accorder des délais à ces intéressés à titres divers, pour le paiement de la contribution mise à leur charge ;

Considérant enfin que des formalités sont à remplir par l'administration pour obtenir les ordonnances royales qui autoriseront et valideront toutes les propositions qui précèdent ;

Délibère :

Art. 1er. L'ensemble des travaux à exécuter et des acquisitions à faire pour l'amélioration du cours des rivières vive et morte de la Bièvre, s'élevant à la somme totale de 800,000 fr., est approuvé aux conditions suivantes :

M. le préfet obtiendra préalablement à l'exécution desdits travaux :

1° Une ordonnance royale déclarative d'utilité publique ;

2° L'abrogation des art. 32 et 33 de l'ordonnance du 13 janvier 1842, dont le maintien rendrait complètement impossibles les améliorations pour lesquelles le département s'impose de si grands sacrifices ;

3° Des engagements régulièrement contractés par les parties qui, à divers titres, doivent contribuer dans la dépense.

Art. 2. Les intéressés à titres particuliers auxdits travaux concourront dans la dépense pour 140,000 fr., répartis ainsi qu'il suit :

Les propriétaires d'usines dans le département de Seine-et-Oise, pour............................	50,000.	»
Les propriétaires d'usines dans le département de la Seine, pour.................	30,000.	»
Les propriétaires industriels usant des eaux, pour..............................	30,000.	»
Les propriétaires riverains, pour.........	20,000.	»
Les communes de Gentilly et d'Arcueil, pour	10,000.	»
	140,000.	»

Le surplus de la dépense reste à la charge du département de la Seine.

Art. 3. A valoir sur ladite dépense, 10,000 fr. sont compris dans le budget de l'exercice 1848, pour continuer les opérations de sondage et les travaux en cours d'exécution.

Art. 4. M. le préfet est invité : 1° à faire l'acquisition, soit à l'amiable, soit par expropriation, de l'emplacement de l'étang-réservoir et de toutes autres propriétés nécessaires à l'exécution des travaux ; 2° à faire procéder aux enquêtes, et à remplir toutes les formalités nécessaires.

Imprimerie VINCHON, rue J.-J. Rousseau, 8.